D1365998

FOUNTAINDALE PUBLIC LIBRARY DISTRICT
300 West Briarcliff Road
Bolingbrook, IL 60440-2894
(630) 759-2102

El MUNDO de los INSECTOS

INSECTOS
QUE TRABAJAN EN EQUIPO

Molly Aloian y Bobbie Kalman

🌳 Crabtree Publishing Company

www.crabtreebooks.com

Insectos
QUE TRABAJAN EN EQUIPO

Creado por Bobbie Kalman

Dedicado por Molly Aloian
Para Kristina Lundblad: Realmente extraño cuando tú y yo trabajábamos en equipo.

Editora en jefe
Bobbie Kalman

Equipo de redacción
Molly Aloian
Bobbie Kalman

Editora de contenido
Kathryn Smithyman

Editoras
Kelley MacAulay
Reagan Miller
Rebecca Sjonger

Diseño
Margaret Amy Reiach
Samantha Crabtree (portada)
Mike Golka (logotipo de la serie)

Coordinación de producción
Katherine Kantor

Investigación fotográfica
Crystal Foxton

Consultora
Patricia Loesche, Ph.D., Programa sobre el comportamiento de animales, Departamento de Psicología, University of Washington

Consultor lingüístico
Dr. Carlos García, M.D., Maestro bilingüe de Ciencias, Estudios Sociales y Matemáticas

Ilustraciones
Barbara Bedell: páginas 6, 26, 27, 31 (todas, excepto las abejas)
Margaret Amy Reiach: páginas 5, 8 (larva), 9, 23, 28, 31
Bonna Rouse: páginas 7, 8 (abejas), 10, 11, 12, 13, 30 (abejas), 31 (abejas)
Tiffany Wybouw: páginas 14, 15, 16, 17

Fotografías
Bruce Coleman Inc.: M. P. L. Fogden: página 27; Peter Ward: página 26
James Kamstra: páginas 21 y 24 (parte superior)
Robert McCaw: páginas 16, 28
Photo Researchers Inc.: Kazuyoshi Nomachi: página 29
Visuals Unlimited: Ken Lucas: página 20; Joe McDonald: página 24 (pie de página); Kjell B. Sandved: página 18
Otras imágenes de Brand X Pictures, Corel, Digital Vision, Otto Rogge Photography y Photodisc

Traducción
Servicios de traducción al español y de composición de textos suministrados por translations.com

---

Crabtree Publishing Company

www.crabtreebooks.com   1-800-387-7650

Copyright © **2006 CRABTREE PUBLISHING COMPANY.**
Todos los derechos reservados. Se prohíbe la reproducción total o parcial de esta obra, su almacenamiento en sistemas de recuperación o su transmisión en cualquier forma y por cualquier medio, ya sea electrónico o mecánico, incluido el fotocopiado o grabado, sin la autorización previa por escrito de Crabtree Publishing Company. En Canadá: Agradecemos el apoyo económico del Gobierno de Canadá a través del programa *Book Publishing Industry Development Program* (Programa de desarrollo de la industria editorial, BPIDP) para nuestras actividades editoriales.

Cataloging-in-Publication Data
Aloian, Molly.
[Insects that work together. Spanish]
Insectos que trabajan en equipo / written by Molly Aloian and Bobbie Kalman.
p. cm. -- (El mundo de los insectos)
Includes index.
ISBN-13: 978-0-7787-8498-2 (rlb)
ISBN-10: 0-7787-8498-3 (rlb)
ISBN-13: 978-0-7787-8514-9 (pbk)
ISBN-10: 0-7787-8514-9 (pbk)
1. Insect societies--Juvenile literature. I. Kalman, Bobbie, 1947- II. Title. III. Series.
QL496.A4618 2006
595.7156--dc22
2005036521
LC

**Publicado en
los Estados Unidos**

PMB16A
350 Fifth Ave.
Suite 3308
New York, NY
10118

**Publicado en
Canadá**

616 Welland Ave.,
St. Catharines, Ontario
Canada
L2M 5V6

**Publicado en el
Reino Unido**

White Cross Mills
High Town, Lancaster
LA1 4XS
United Kingdom

**Publicado en
Australia**

386 Mt. Alexander Rd.,
Ascot Vale (Melbourne)
VIC 3032

Contenido

¿Qué son los insectos? 4

Trabajar en equipo 6

Abejas 8

Colmenas de abejas 10

Abejas danzantes 12

Avispas que construyen colmenas 14

Fabricantes de papel 16

Termitas 18

Nidos de termitas 20

Hormigas 22

Nidos de hormigas 24

Hormigas guerreras sorprendentes 26

Migrar en enjambres 28

Construye una colmena 30

Glosario e índice 32

¿Qué son los insectos?

Los **insectos** son animales **invertebrados**.
Los animales invertebrados no tienen **columna
vertebral**. La columna vertebral es un conjunto
de huesos que se encuentra en la parte media
de la espalda del animal. En lugar de columna
vertebral, los insectos tienen una cubierta
dura y protectora llamada **exoesqueleto**.
El exoesqueleto cubre todo el cuerpo del
insecto, incluso la cabeza y las patas.

Partes del cuerpo

El cuerpo de un insecto tiene tres partes principales: cabeza, **tórax** y **abdomen**. Los ojos y el **aparato bucal** de los insectos quedan en la cabeza. También hay dos órganos sensoriales llamados **antenas** en la cabeza. Las patas y las alas están fijas al tórax del insecto. Todos los insectos tienen seis patas.

¿Sabías que…?

Muchos insectos tienen alas, pero otros no. Los que tienen alas las usan para ir de un lugar a otro. Algunos insectos tienen dos pares de alas, pero otros tienen uno solo.

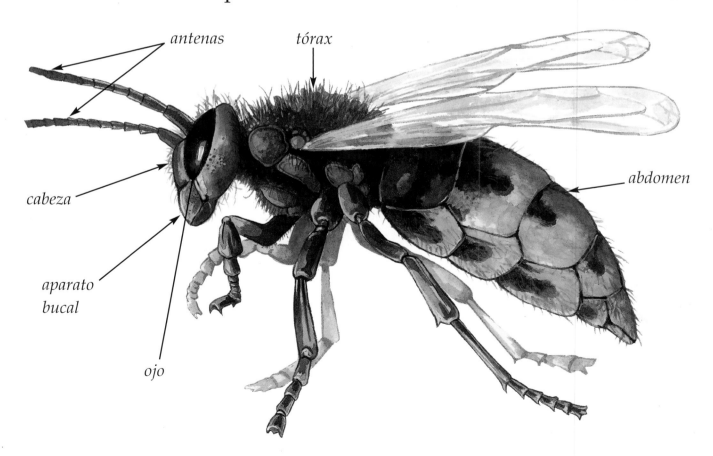

antenas

tórax

cabeza

aparato bucal

ojo

abdomen

Trabajar en equipo

Algunos insectos viven en grupo y trabajan en equipo. Forman un gran grupo llamado **colonia**. ¡Una colonia puede tener más de un millón de insectos! Los insectos que viven en colonias se llaman **insectos sociales**. Las abejas, las termitas, las hormigas y las avispas que construyen colmenas son insectos sociales. Los insectos sociales trabajan en equipo para encontrar alimento, construir sus viviendas y criar a las **larvas** o a las **ninfas**. Las larvas y las ninfas son dos tipos de insectos jóvenes.

Cuantos más seamos, mejor

Los insectos sociales tienen más probabilidades de sobrevivir porque trabajan en equipo para conservar a todos los miembros de la colonia sanos y salvos. Los insectos sociales reúnen alimento y lo comparten con los demás. La mayoría también construye viviendas, llamadas **nidos**, en las que vive la colonia.

*La mayoría de los insectos de una colonia son **obreros**. Son los que hacen casi todo el trabajo dentro y fuera del nido.*

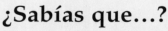

Abejas

Las obreras son las abejas más pequeñas y todas son hembras.

Los zánganos son las abejas macho. Son más grandes que las obreras.

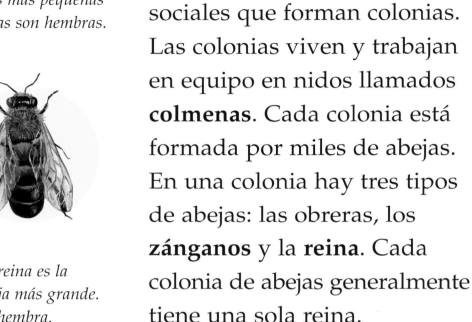

La reina es la abeja más grande. Es hembra.

Las abejas son insectos sociales que forman colonias. Las colonias viven y trabajan en equipo en nidos llamados **colmenas**. Cada colonia está formada por miles de abejas. En una colonia hay tres tipos de abejas: las obreras, los **zánganos** y la **reina**. Cada colonia de abejas generalmente tiene una sola reina.

¿Sabías que…?
Las larvas de abejas nacen de huevos. Las larvas no tienen ojos, patas, alas ni antenas, pero tienen un aparato bucal que les sirve para comer.
¡Y comen mucho!

En pocas semanas, esta larva de abeja tendrá ojos, patas, alas y antenas.

Obreras

Las obreras realizan muchas tareas en una colmena: construyen la colmena, la limpian y la protegen de otros insectos. También cuidan las larvas mientras que éstas crecen.

*Las obreras salen de la colmena para juntar **polen** y **néctar** de las flores. Con el polen y el néctar hacen la comida para todas las otras abejas.*

Zánganos

Los zánganos no trabajan tanto como las obreras. Su único trabajo consiste en **aparearse** o unirse con la abeja reina para que ésta ponga huevos.

La reina

La reina también tiene sólo un trabajo: poner huevos en la colmena. De cada huevo sale una larva.

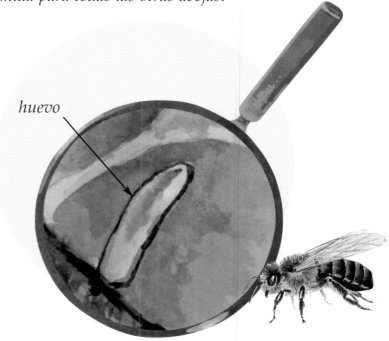

huevo

¡La reina pone hasta 1,500 huevos al día!

Colmenas de abejas

Las abejas obreras trabajan en equipo para construir la colmena con **cera de abejas**. Esta cera es una sustancia que se produce en el cuerpo de las obreras. La cera les sale del cuerpo en escamas. Las obreras usan el aparato bucal y las patas delanteras para ablandar y moldear las escamas de cera hasta que forman con ellas pequeñas unidades llamadas **celdas**. Hay alrededor de 100,000 celdas en una colmena de abejas.

una celda

Todas las celdas de una colmena tienen seis lados. Por eso son tan fuertes.

Colmenas calientes

La cera es más blanda y más fácil de moldear en una colmena caliente. Para mantenerla caliente, las abejas obreras **baten** o mueven las alas cuando trabajan. El movimiento de su cuerpo crea calor y calienta la colmena.

¿Sabías que…?

Las celdas de una colmena están dispuestas una al lado de la otra de manera que no se desperdicie espacio entre ellas. Las abejas usan las celdas para guardar el alimento y criar las larvas.

larva

La celda de la parte superior de la fotografía tiene una larva.

Abejas danzantes

Las abejas de una colonia deben **comunicarse**, es decir, enviarse mensajes unas a otras. Se comunican para asegurarse de que el trabajo de la colmena se haga. Las abejas se comunican de distintas maneras. Una forma de hacerlo es tocarse y olerse unas a otras con las antenas. También se comunican con formas especiales de volar.

Vueltas y vueltas

Cuando una abeja obrera encuentra una fuente de alimento, como el néctar, regresa a la colmena y les avisa a las demás dónde está. Si el néctar está cerca de la colmena, la obrera realiza una **danza circular**.

¿Bailamos el meneíto?

Cuando el néctar está lejos de la colmena, la obrera vuela de modo diferente. Realiza una **danza vigorosa y con meneo**. Esta danza les avisa a las otras obreras a qué distancia está el néctar y en qué dirección.

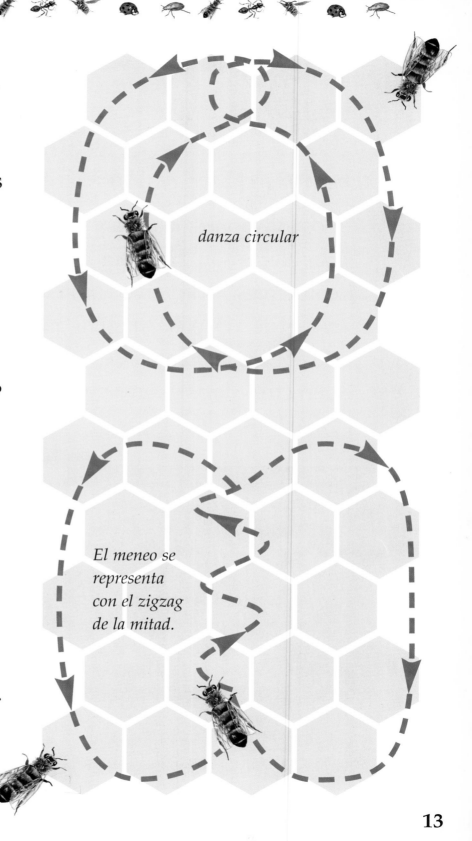

danza circular

El meneo se representa con el zigzag de la mitad.

Avispas que construyen colmenas

Los avispones, las avispas amarillas y las avispas papeleras son tres tipos de avispas que construyen colmenas. Viven en colonias que pueden tener miles de avispas. Al igual que las colonias de abejas, la colonia de avispas tiene tres tipos de avispas: obreras, zánganos y una reina.

Avispas trabajadoras

Algunos trabajos de las avispas obreras, zánganos y reinas son iguales a los trabajos de las abejas obreras, zánganos y reinas. Todas las avispas obreras son hembras. Construyen y cuidan el nido, juntan alimento y crían las larvas. Las avispas zánganos se aparean con la reina. La avispa reina pone huevos.

¿Sabías que…?

Al igual que las abejas, las avispas también se comunican unas con otras. Para enviar mensajes, despiden **aromas** u olores. Por ejemplo, despiden un cierto aroma para avisarles a las otras que hay peligro.

Estas dos avispas obreras adultas cuidan las larvas que están en el nido. Las obreras alimentan y limpian a las larvas.

Fabricantes de papel

Esta colmena de avispas cuelga de una rama.

Las avispas que fabrican colmenas viven juntas. Algunas construyen colmenas subterráneas. Otras construyen colmenas que cuelgan de los árboles. Las obreras construyen las colmenas y las mantienen limpias y seguras.

Pulpa para papel

Las avispas hacen sus colmenas con materiales parecidos al papel. Las obreras usan el aparato bucal para masticar pedacitos de madera. Los mezclan con la **saliva** para hacer una sustancia blanda y húmeda llamada **pulpa**. Luego usan las patas delanteras y el aparato bucal para hacer celdas con la pulpa. Cuando la pulpa se seca, parece papel.

¿Sabías que…?

Hay obreras que realizan distintos trabajos. Algunas salen de la colmena para atrapar otros insectos que sirven para alimentar a las larvas. Otras salen de la colmena para traer pedacitos de madera con los cuales se reparan los huecos de la colmena. Otro grupo de obreras se queda en la colmena. Este grupo limpia la colmena y la protege de otros animales.

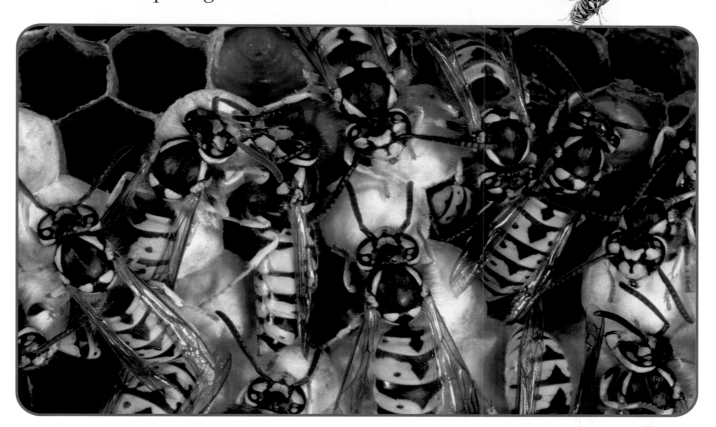

Estas avispas ponen cubiertas de papel sobre las celdas que tienen larvas. Las cubiertas protegen a las larvas mientras se convierten en adultos. Cuando las larvas terminan de crecer, empujan las cubiertas y salen.

Termitas

La mayoría de las colonias de termitas tienen tres tipos de integrantes: **reproductoras**, obreras y **soldados**. Las reproductoras son las termitas que se pueden **reproducir** o tener cría.

Reinas y reyes

La colonia de termitas tiene una hembra reproductora que es la reina. La colonia también tiene un macho reproductor, que se conoce como el rey.

Aparearse y poner huevos

El trabajo de la termita rey es aparearse con la reina. El trabajo de la reina es poner miles de huevos. Las ninfas que nacen de los huevos crecen y se convierten en reproductoras, obreras o soldados.

La termita reina que ves arriba es la más grande de la colonia. Su gran abdomen está lleno de huevos. La pequeña termita rey está a la izquierda de la reina.

Obreras

Las termitas obreras buscan alimento para toda la colonia, construyen y reparan el nido, y cuidan a las ninfas. En una colonia de termitas hay obreras machos y obreras hembras, pero no pueden reproducirse.

Soldados

Las termitas soldados que ves a la derecha protegen la colonia. Casi siempre tienen un aparato bucal grande y filoso que usan para atacar a intrusos como las hormigas.

Nidos de termitas

Una colonia de termitas construye un nido en equipo. Dentro del nido, las termitas cavan túneles y **cámaras** o habitaciones. Construyen sus nidos dentro de árboles o en edificios de madera. Algunas los hacen en el suelo. Los nidos subterráneos tienen enormes montones de tierra y arena llamados **montículos**.

Las termitas de maderas húmedas que ves arriba a menudo viven en madera húmeda y podrida.
Las termitas de madera seca viven en postes o edificios de madera, o en árboles muertos y secos.

Comer todo

Para construir sus nidos en los árboles o en edificios de madera, las termitas obreras mastican y se comen la madera. Al comer, cavan túneles y cámaras. El rey y la reina viven en una de esas cámaras, que es la **cámara real**.

Reunir y pegar

Otros tipos de termitas tienen obreras que reúnen madera, tierra o arena. Llevan esos materiales al nido y los pegan con saliva. Luego los usan para hacer las paredes de los túneles y de las cámaras.

Algunos montículos miden 30 pies (9 m) de altura. ¡Mira qué inmenso es cuando lo comparas con la mujer que está parada frente a él!

21

Hormigas

La colonias de hormigas tienen obreras, machos y reinas. Algunas colonias pueden tener más de una reina. Otras no tienen ninguna.

Trabajos para las obreras

La mayoría de las hormigas de una colonia son obreras y todas las obreras son hembras. Construyen y cuidan el nido, juntan alimento y crían las larvas. En algunos tipos de hormigas, unas de las obreras son también soldados. Como las termitas soldado, las hormigas soldado tienen un aparato bucal grande que usan para defenderse de los enemigos.

Algunas hormigas sólo trabajan dentro de la colonia. Otras salen a buscar alimento.

Las obreras hacen la limpieza y cuidan los huevos que pone la reina.

Pequeñas pero fuertes

Las hormigas son muy pequeñas, pero fuertes. De hecho, son tan fuertes que pueden llevar o arrastrar hojas u otros insectos que a veces pesan hasta 20 veces más que una hormiga. Las hormigas cortadoras de hojas que se ven arriba llevan grandes pedazos de hojas. Usan el aparato bucal para transportarlas.

hormiga reina

¿Sabías que…?

Las hormigas reina viven mucho más que las obreras. ¡Algunas viven entre diez y veinte años! Las obreras sólo viven entre dos y seis meses.

Las hormigas viven en distintos tipos de nidos. Algunas hacen sus nidos en madera podrida. Otras los hacen con hojas o dentro de las espinas de ciertos árboles. Muchas hacen nidos en el suelo.

Un nido en el suelo

Cuando hacen un nido en el suelo, las obreras usan las patas y el aparato bucal para excavar y hacer túneles. Otras obreras suben tierra a la superficie para hacer un montículo.

Algunas hormigas hacen montículos de tierra en la entrada de sus nidos. Algunos montículos son enormes. Pueden medir hasta seis pies (2 m) de altura.

Estas hormigas trabajan en equipo para hacer un nido en las espinas de una acacia espinosa.

24

¿Sabías que...?

Las hormigas tejedoras de esta página hacen nidos con hojas. Un grupo de obreras une los bordes de dos hojas. Otro grupo de obreras transporta larvas por los bordes de las hojas. Las larvas producen una sustancia resistente y pegajosa llamada **seda** que pega los bordes de las hojas.

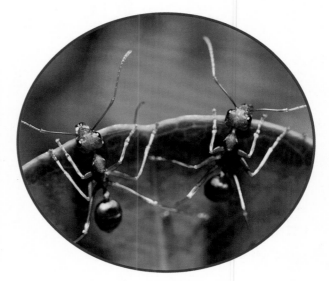

Las hormigas tejedoras adultas no producen seda. No pueden hacer nidos sin la seda de las larvas.

Estas hormigas tejedoras buscan hojas para fabricar su nido. Cuando lo terminan, parece una bola de hojas.

Hormigas guerreras sorprendentes

¿Sabías que...?

Las *Dorylinae* u hormigas guerreras hacen un nido temporal al unirse unas con otras y formar con los cuerpos una bola maciza. En el interior del nido mantienen a salvo a la reina, los huevos y las larvas.

La mayoría de las hormigas hacen nidos **permanentes**, pero otras no. Las hormigas guerreras siempre van de un lugar a otro. Cuando la colonia se muda, las obreras llevan los huevos y las larvas. Cuando las hormigas guerreras necesitan descansar, hacen un nido **temporal**. La colonia lo usa durante un tiempo, hasta que las hormigas se mudan de nuevo.

*(abajo) Esta colonia de hormigas guerreras viaja en un **enjambre**. Un enjambre es un gran grupo de insectos que se desplazan juntos.*

De mudanza

Las hormigas guerreras trabajan en equipo para matar a su **presa**. Cuando se mudan de un lugar a otro muerden y pican a los animales que encuentran. Al trabajar en equipo, se aseguran de que haya suficiente alimento para la colonia. Una colonia de hormigas guerreras come miles de insectos al día. También puede matar y comer animales más grandes, como lagartos, serpientes y aves.

Estas hormigas guerreras se comen las larvas de un nido de avispas.

Migrar en enjambres

Estas mariposas monarcas se han detenido a descansar entre las hojas en lo alto de un árbol, donde están a salvo de los **depredadores**.

Las langostas y las mariposas monarcas no son animales sociales, pero a veces se reúnen para **migrar**. Migrar es viajar de un lugar a otro durante cierto tiempo. Las langostas y las mariposas monarcas migran en enjambres inmensos. Al hacerlo, tienen más probabilidades de sobrevivir en su largo viaje.

Monarcas que migran

Las mariposas monarcas que viven en América del Norte migran porque no pueden sobrevivir los inviernos fríos. Antes de que comience el invierno, la mayoría vuela en enjambres a México o a California, donde hace calor.

Muchas langostas

Las langostas migran cuando su **población** crece demasiado. La población es el número total de animales que vive en una zona. Cuando la población de langostas es demasiado grande, no hay suficientes plantas en la zona para todas. Por eso deben migrar a lugares donde haya más alimento.

*A menudo un enjambre de langostas tiene millones de estos insectos. Cuando migran, comen muchas plantas. Muchas veces se comen las **cosechas**. Las cosechas son las plantas que la gente cultiva para comer.*

Construye una colmena

¿Sabes cuántos lados tienen las celdas de las colmenas de abejas? Las celdas son **hexágonos**, es decir, figuras de seis lados. Aprenderás cómo construir una colmena de abejas con las siguientes instrucciones.

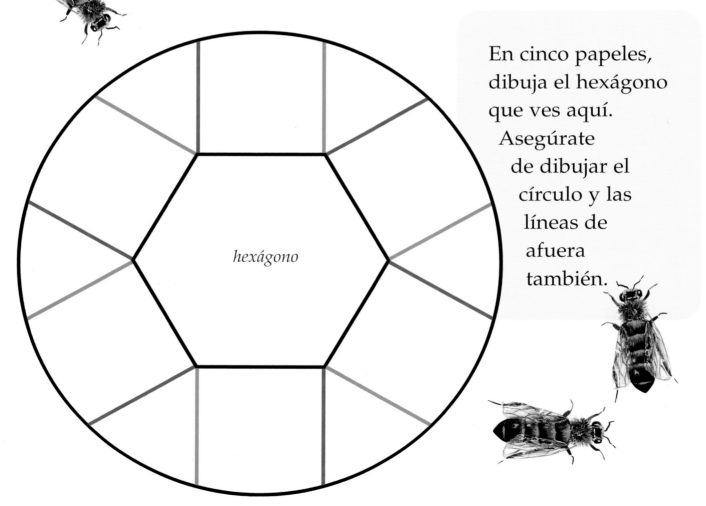

hexágono

En cinco papeles, dibuja el hexágono que ves aquí. Asegúrate de dibujar el círculo y las líneas de afuera también.

Con unas tijeras, corta el círculo por las líneas rojas. Pliega el papel por las líneas azules. Ahora, pliega los seis lados del hexágono hacia dentro.

Después de hacer todos los pliegues, pégalos con cinta. Has construido una celda para tu colmena. Repite los mismos pasos con los otros cuatro papeles.

Cuando hayas terminado las cinco celdas, píntalas de amarillo para que parezcan estar hechas de cera de abejas. Pégalas para hacer una colmena. Usa las ilustraciones para dibujar las abejas que pondrás en tu colmena.

Glosario

Nota: Es posible que las palabras en negrita que están definidas en el texto no figuren en el glosario.

aparato bucal Parte de la cabeza de un insecto que se usa para tomar o comer los alimentos

celda Espacio pequeño y cerrado

depredador Animal que caza y se come a otros animales

néctar Líquido dulce que se encuentra en las flores

permanente Que dura o se usa durante mucho tiempo

polen Sustancia en forma de polvillo que producen las plantas

presa Animal que otros animales cazan y se comen

saliva Líquido claro de la boca de un animal

seda Fibra resistente, delgada y pegajosa que se produce en el cuerpo de ciertas larvas de insectos

temporal Que dura o se usa durante poco tiempo

Índice

abejas 6, 8-9, 10, 11, 12, 13, 14, 15, 30, 31

alimento 6, 7, 9, 11, 13, 15, 19, 22, 27, 29

avispas 6, 14-15, 16, 17, 27

colmenas 8, 9, 10-11, 12, 13, 16, 17, 30, 31

comunicación 12, 15

cuerpos 4, 5, 10, 11, 25, 26

enjambres 26, 28, 29

hormigas 6, 19, 22-23, 24, 25, 26, 27

huevos 8, 9, 15, 18, 22, 26

larvas 6, 8, 9, 11, 15, 17, 22, 25, 26, 27

nidos 7, 8, 15, 19, 20, 21, 22, 24, 25, 26, 27

ninfas 6, 18, 19

obreras 7, 8, 9, 10, 11, 13, 14, 15, 16, 17, 18, 19, 21, 22, 23, 24, 25, 26

reinas 8, 9, 14, 15, 18, 21, 22, 23, 26

soldados 18, 19, 22

termitas 6, 18-19, 20, 21, 22

trabajos 9, 15, 17, 18, 22

zánganos 8, 9, 14, 15

1 2 3 4 5 6 7 8 9 0 Impreso en Canadá 5 4 3 2 1 0 9 8 7 6